AF382629

EL BENCHMARKING

La importancia de analizar el mercado

Por Antoine Delers
En colaboración con Brigitte Feys
Traducido por Marta Sánchez Hidalgo

Economía y empresa 

LAS CLAVES PARA EL ÉXITO

en50MINUTOS.es

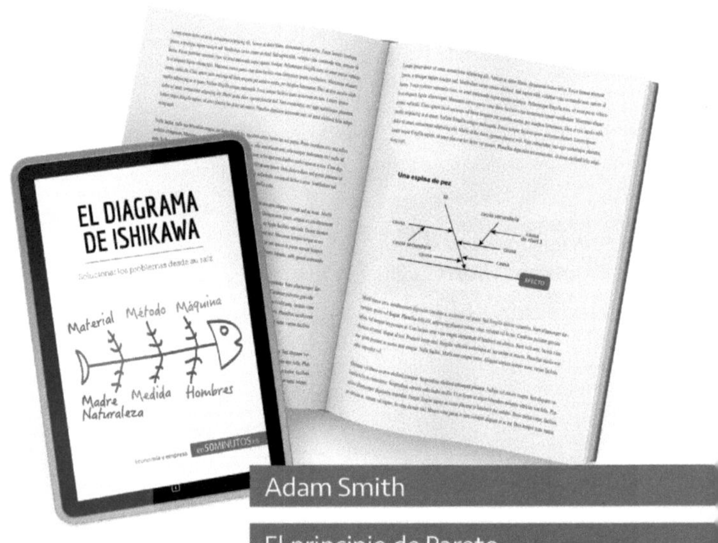

Adam Smith

El principio de Pareto

El estrés laboral

La pirámide de Maslow

www.en50minutos.es

EL BENCHMARKING

- **¿Denominaciones?** Benchmarking, medida de calidad, análisis comparativo.
- **¿Utilidad?** Se utiliza principalmente en empresas, aunque encontramos cada vez más casos en los sectores hospitalarios y en los Servicios públicos. El benchmarking es, por su naturaleza, extrapolable al conjunto de los departamentos de una empresa: de la informática al servicio de atención al cliente pasando por el departamento de posventa.
- **¿Por qué es eficaz?** Este tipo de estrategia permite disminuir los riesgos relacionados con el desarrollo y la innovación, puesto que una organización puede apropiarse de las prácticas, desarrolladas por otros, que ya han tenido éxito.
- **¿Palabras clave?**
  - Análisis comparativo: evaluación de una herramienta, de un procedimiento o de una empresa con vistas a compararla a otras evaluaciones.
  - Benchmark: referencia, modelo por el que un índice de rendimiento puede medirse.
  - Buenas prácticas (*best practices*): prácticas y procesos ejemplares observados en una empresa particular.
  - Competidor: persona o asociación que rivaliza con otros en el mismo sector.
  - Índice de referencia: medida que resulta de una evaluación de un procedimiento.
  - Mercado: en el sentido estricto de la palabra, conjunto de empresas, de clientes, de proveedores que pueden

agruparse o no en una misma actividad; en el sentido más amplio, los productos, las materias primas y los terceros que interactúan con el mercado.

- ◦ Posicionamiento: posición ocupada por un producto o una empresa (cultura, valor) en un mercado, definida en relación a otros competidores.
- ◦ Reingeniería: reorganización de un procedimiento o de un producto con el objeto de mejorarlo.
- ◦ Xerox: empresa americana de fabricación de fotocopiadoras y de impresoras que utilizó el benchmarking para desarrollarse.

El benchmarking es un método de análisis del rendimiento y de reingeniería, que se puede definir como la «reconcepción del modo de funcionamiento de una empresa». El principal interés de un proceso como éste es descubrir y estudiar en los mejores lo que se hace mejor –en materia de producción, de entrega, de calidad, de elección de los proveedores, etc. –, para luego reflexionar en la forma de aplicarlo con la mayor eficacia posible en su propia organización.

HISTORIA

Los orígenes del benchmarking se remontan al siglo VI a. C. en la época en la que un general chino, conocido con el nombre de Sun Tzu (544-496 a. C.), escribió en su obra *El arte de la guerra*: «Si conoces al enemigo y te conoces a ti mismo, no hay duda de tu victoria». A pesar de que la idea de analizar las estrategias de los competidores sea ancestral, hay que esperar a los años ochenta para ver el concepto del benchmarking, en el sentido que conocemos hoy, desarrollarse e imponerse en el universo económico moderno. Debemos su definición a la empresa Xerox que, superada por la competencia, lanzó en la época una estrategia de estudio de las buenas prácticas –en particular en materia de gestión de las existencias, que resultaron ser muy costosas– de una de sus filiales para implementarlas en su propia entidad. Esta prospección llevada a entidades exteriores permitió finalmente que Xerox mejorara sus actividades y finanzas y volviera a encontrar un lugar importante en el mercado, mientras mejoraba el rendimiento de su funcionamiento.

EL ARTE DE LA GUERRA DE SUN TZU

El arte de la guerra es una de las obras de estrategia más antiguas conocidas en el mundo y expone las mejores tácticas militares en caso de combate entre dos reinos. Hoy en día estas técnicas son fácilmente extrapolables al universo de las empresas: presentan de manera general estratagemas sobre la toma de poder, el conocimiento del enemigo o el estudio del terreno. Muchos autores han adaptado las lecciones de *El arte de la guerra*, a consejos directamente aplicables a empresas en obras dedicadas a todos los dirigentes que quieran controlar su organización y su mercado.

DEFINICIÓN DEL MODELO

El benchmarking o, literalmente, «medida de calidad» es una herramienta de análisis de los procedimientos, de las estadísticas, de los productos y de los servicios en un entorno conexo – el de un competidor, un socio u otro departamento de la misma empresa. Su objetivo principal es proporcionar pistas para la mejora de las empresas que, después de hacer análisis comparativos, querrían comprender por qué algunas organizaciones tienen más rendimiento que otras, y sobre todo qué hacer para llegar a integrar las estrategias eficaces de los competidores en su estructura. Se utiliza principalmente en empresas y pretende observar, medir, comparar y aplicar una serie de funcionamientos que ya han funcionado en otras entidades en el pasado.

TEORÍA Y PRESENTACIÓN DEL CONCEPTO

Nos contaba el famoso Sun tzu que conocer bien a nuestros enemigos permite ganar batallas. De este modo, muchos son los dirigentes, de ejércitos y de empresas, que se han propuesto desde entonces estudiar los puntos fuertes y débiles de sus adversarios para mejorar su propia estrategia.

Hoy en día es impensable que una empresa no se informe –mediante una vigilancia atenta, intensa y continua– de las estrategias e innovaciones de sus competidores para conservar, o incluso aumentar, sus cuotas de mercado. La evolución de los últimos cincuenta años, contemplada a nivel de la oferta y la demanda de los productos, ha invertido el poder y se lo ha dado a los clientes: a partir de ahora la demanda precede a la oferta, a diferencia de lo que ocurría antes de la Segunda Guerra Mundial. No basta con fabricar un producto que pueda satisfacer a un grupo de consumidores, con lanzar servicios poco innovadores o con hacer funcionar su departamento de marketing sin proactividad.

Las empresas, para no hundirse, deben modificar sus enfoques competitivos, reaccionar rápidamente, incluso prever las necesidades, los deseos y las expectativas de los clientes actuales potenciales. En esos casos interviene de forma útil el benchmarking, herramienta operacional y estratégica que permite una mejora continua de los procedimientos de una empresa: por ejemplo, un mejor servicio de atención al cliente, productos de última generación o incluso una producción con un coste menor... otras tantas fuentes de valor añadido para el cliente.

DIFERENTES TIPOS DE BENCHMARKING

Los tipos de benchmarking

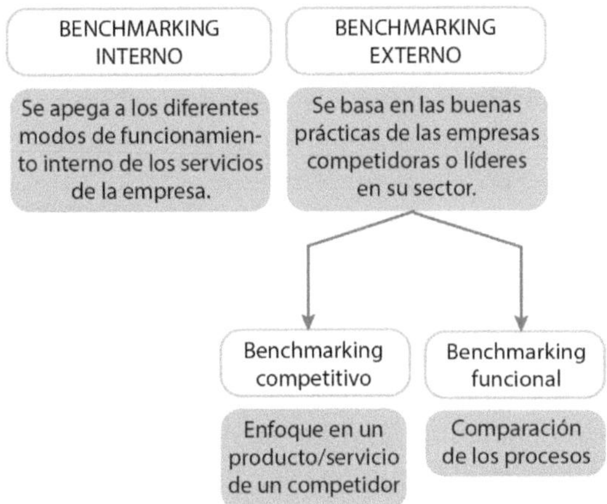

El benchmarking interno

En este primer tipo, la empresa basa su análisis comparativo en sus diferentes departamentos para registrar las mejores prácticas utilizadas en vista de generalizarlas al conjunto de la empresa. Por ejemplo, en el servicio de recursos humanos se adaptará un método eficaz de clasificación de los archivos utilizado en el servicio de la contabilidad. En este caso, el feeback es muy importante, ya que los servicios se pueden encontrar a diario.

Se trata del método más fácil de implementar debido a que:

- los datos son accesibles casi de inmediato;
- los recursos humanos están disponibles para colaborar.

Sin embargo, este tipo de benchmarking no aporta ninguna innovación particular puesto que la organización suele ser bastante homogénea en su enfoque de funcionamiento: los procedimientos de trabajo suelen ser similares. Esto se debe principalmente a la cultura de empresa y a los valores comunes, pero también a las promociones y mutaciones internas que propagan las ideas y las buenas prácticas en la empresa.

El benchmarking externo

Este segundo tipo de benchmarking es el más común. No se basa en los servicios de una misma compañía, sino que tiene como objetivo analizar los servicios de las empresas competidoras y de las empresas de otros sectores reconocidas como líderes del ámbito estudiado. No hay duda de que este tipo de benchmarking es portador de valor añadido, puesto que proporciona buenas prácticas que a veces son muy diferentes de las que se habían utilizado hasta ahora en una empresa.

Los principales medios de obtención de información vienen de las filiales, de las empresas asociadas, de los estudios disponibles en Internet, de los coloquios o incluso de las ferias de empresas.

El benchmarking competitivo

También llamado «benchmarking de competidores», este tipo de análisis comparativo se elabora a partir de una empresa competidora del mismo sector, de la que se estudia la estrategia, las innovaciones de productos y de servicios, los costes y plazos de producción, y también el servicio comercial establecido, con el fin de acercarse lo máximo posible a las exigencias del cliente actual y potencial.

Es el benchmarking menos evidente de implementar: la obtención de las informaciones pertinentes es repetitiva y aleatoria porque normalmente se refiere a los datos generales que la empresa competidora ha querido publicar, principalmente sus cifras globales o incluso métodos internos no estratégicos.

El benchmarking funcional

Este último tipo de benchmarking se basa únicamente en los procedimientos de la empresa que, por su naturaleza genérica, son extrapolables a empresas de sectores a veces muy diferentes. De esta forma, las empresas a las que se dirigirá el benchmarking funcional pueden proceder de diferentes mercados, con tal de que se las reconozca como líderes en su ámbito. Se suele firmar una colaboración que ofrece la ventaja de la facilidad de obtención de información y del intercambio de las buenas prácticas.

El principal inconveniente de este método es la falta de concordancia entre las estrategias, las culturas y los sectores de actividades, que pueden obstaculizar el establecimiento de un benchmarking eficaz.

¿**S**ABÍAS QUE...?

La falta de información confidencial sobre los competidores no siempre es problemática. El benchmarking puede, por ejemplo, servir para recabar las estadísticas generales de los costes y plazos de producción –sin preocuparse por comprender los factores de éxito–, con el objetivo de retar a sus competidores por sus propios medios. Se conoce como el «benchmarking no intrusivo» o incluso el «benchmarking de resultados».

APLICACIONES EN LAS EMPRESAS

Actualmente, las aplicaciones del benchmarking en empresas son casi infinitas. Desde el momento en el que queremos mejorar un procedimiento o el funcionamiento general de un departamento, podemos alcanzar el conjunto de los servicios operacionales y funcionales de la organización, incluido el del servicio de mantenimiento de los edificios. Éste puede optimizarse por ejemplo si se inspira en una empresa activa e innovadora en el sector del mantenimiento de los edificios.

Primer ejemplo: la mejora del servicio de atención al cliente

La mejora del servicio de atención al cliente, tanto antes como después de la venta, es uno de los principales objetivos del benchmarking. Un ejemplo ilustrativo es el tiempo de espera que tienen que aguantar los clientes cuando llegan a su hotel. En este caso, se señalan los procedimientos administrativos y/o la limpieza de los equipos de mantenimiento. Para contrarrestar este problema, los responsables pueden, por ejemplo, decidir utilizar el benchmarking funcional al ir a estudiar en un hospital X el funcionamiento de la asignación de camas en urgencias. Este servicio, que por definición es rápido y eficaz, les servirá de ejemplo para establecer un sistema competente con vistas a asegurar un mejor recibimiento de sus clientes, lo que puede ser un factor clave en la elección de un hotel.

Segundo ejemplo: el establecimiento en otro país

El establecimiento de una sucursal en una región alejada suele ir acompañado de algunos problemas relacionados con las diferencias culturales observadas entre los clientes originales y la futura clientela y con las relaciones entre los empleados y la dirección, o también entre el sindicato y los órganos de gestión (dirección general y consejo de administración).

Llevar a cabo un estudio de benchmarking, de tipo competitivo o funcional, en empresas ya implantadas en el mismo lugar puede resultar útil para paliar mejor las dificultades de adaptación.

Tercer ejemplo: la mejora de los procedimientos administrativos

El benchmarking también puede servir para mostrar soluciones innovadoras en los procedimientos administrativos.

Si una empresa tiene que enfrentarse a muchas tareas administrativas –el sector de la administración pública es un ejemplo magnífico– como la gestión del correo entrante y saliente, se apreciará particularmente este método.

Otras mejoras

Aparte de los ejemplos concretos que se acaban de desarrollar, los sectores de posible contribución del benchmarking son numerosos y los análisis pueden aplicarse al conjunto de los productos y de los servicios y al procedimiento de la organización. Destacamos principalmente: la estrategia global de la empresa, la gestión a nivel de la innovación y del desarrollo de los productos y servicios, la gestión de los recursos humanos, la gestión de los procedimientos de producción y distribución (reducción de los plazos y costes de la cadena de abastecimiento), entre otros.

VENTAJAS DEL BENCHMARKING

Las ventajas que ofrece el benchmarking a una empresa son numerosas –la búsqueda de la eficiencia es esencial para asegurar la perpetuidad de la empresa–, ya que las posibilidades de implantación son casi infinitas. Entre ellas, encontramos principalmente:

- **los procedimientos más eficaces.** Gracias a las buenas prácticas transmitidas entre las empresas y los departamentos, el conjunto de los procedimientos puede mejorarse para volverlos más eficaces, menos costosos y más rápidos según qué casos;
- **los costes de concepción limitados.** Con la utilización

del benchmarking, no reinventamos los procedimientos, sino que «benchmarkamos» –es decir, nos basamos en lo que ya existe–, lo que permite invertir las sumas que se ahorran en otros proyectos;

- **los procedimientos que han demostrado eficiencia y que aseguran el éxito.** Al basarse en estrategias que han permitido el éxito en otras empresas, nos aseguramos de que sean eficaces y de que permitan mejorar los servicios interesados. Cabe señalar que en ciertos casos, la gran diferencia de la cultura y los valores entre dos empresas no siempre lo permite;

- **una voluntad de mejora continua.** Poco importa la naturaleza del benchmarking, los departamentos «benchmarkados» podrán transmitir sus buenas prácticas. Además, este ejercicio influye en la motivación de los colaboradores, que se sienten considerados puesto que su método de trabajo competente contribuye a la búsqueda y al apoyo de una mejora constante de la empresa;

- **los puntos débiles excluidos desde el principio.** Al analizar los procedimientos de unos y otros, o incluso los productos disponibles en el mercado, una empresa puede rápidamente darse cuenta de los puntos débiles de cada uno y así intentar evitar la reproducción de los mismos errores.

LÍMITES Y EXTENSIONES DEL MODELO

LÍMITES Y CRÍTICAS DEL MODELO

Tal y como lo hemos mostrado antes, el benchmarking puede aplicarse al conjunto de los servicios de una empresa y así pues todos los mánagers pueden utilizarlo, en todos los niveles de la jerarquía y en todos los departamentos. Sin embargo, esta universalidad tiene límites significativos, como el secreto profesional que todo trabajador debe respetar o la diferencia cultural que puede provocar la inadecuación de la implantación de ciertas técnicas del benchmark.

Copiar, pero solo a los mejores

El primer límite en el uso de un método de benchmarking procede de la selección de los colaboradores. Esta selección tiene una importancia capital puesto que la empresa que se lanza en un benchmarking, está muy interesada en estudiar a los mejores, que se distinguen por la innovación de sus procedimientos u *output* que ya han aplicado en el mercado.

Copiar, pero sin engañar

El benchmarking por definición informa de una forma de copiar a su vecino, motivada por la pertinencia de sus buenas prácticas. Sin embargo, la frontera entre el espionaje industrial y el benchmarking es a menudo tan fina que a veces es preferible, en el caso de los competidores directos, limitarse a los datos públicos o dirigirse a otros colaboradores, como los proveedores y los distribuidores.

Descubrir las buenas prácticas en concreto aplicables en su empresa

Todos los métodos no son equivalentes. Además, hay que saber detectar los factores de éxito de una empresa. Si una entrega de libros es muy rápida, no se explicará necesariamente por el poder del motor de la camioneta que los transporta; sino que más bien aclamaremos, en la mayoría de los casos, al rendimiento de la infraestructura logística establecida. Aunque este ejemplo sea simple, ilustra el hecho de que el análisis de los procedimientos permite distinguir los verdaderos factores de éxito.

Estar pendiente de las diferencias de cultura y de estrategia

No todas las ideas son extrapolables. Una técnica de motivación de los empleados en función del volumen de negocios funcionará perfectamente para un equipo del servicio de ventas, pero será menos eficaz para un equipo de contabilidad. Del mismo modo, un colaborador con una visión y una estrategia completamente diferentes, no ofrecerá siempre un benchmarking adaptado a las necesidades de otra empresa. La regla demuestra que, cuanto más diferente y alejado del procedimiento de la empresa que comienza el benchmark sea el proceso estudiado, menos extrapolable será. Los riesgos de resistencia al cambio serán proporcionalmente más importantes.

Comparar los costes del benchmarking

A pesar de que, sobre todo en el marco de la creación de los productos, el benchmarking acaba en una reducción importante de los gastos como resultado de la utilización de técnicas o de procedimientos preexistentes, no hay que olvidar que este método genera igualmente costes. Las colaboraciones entabladas, las personas dedicadas a la investigación en benchmarking, los períodos de análisis y de implantación constituyen un presupuesto que hay que tener en cuenta en el transcurso del establecimiento de semejante método. Como para las otras inversiones, es conveniente realizar un cálculo estimado de ROI (Siglas en inglés de retorno sobre la inversión) que permitirá calcular, por ejemplo, el número de competidores que hay que estudiar para una muestra representativa de las prácticas en curso.

Velar por el bienestar de los empleados

Replantear constantemente en el funcionamiento y movilizar los medios necesarios de las adaptaciones de los procedimientos de un departamento puede no ser del gusto de todos los empleados. Además, la comparación del rendimiento, que es la esencia del bechmarking, puede llevar a los dirigentes a pedir siempre más a sus empleados, lo que suele ocasionar un agotamiento y un estrés importantes. Asegurarse de que todos ganan, sobre todo por un *change management* eficaz, debe ser una de las principales preocupaciones de los dirigentes para facilitar el buen establecimiento de las nuevas prácticas. Entonces habrá que velar por cuidar la comunicación para que los empleados perciban los impactos positivos que resulten de semejantes decisiones –rendimiento personal, del servicio y de la empresa– y permanezcan motivados.

CHANGE MANAGEMENT O LA CONDUCTA DEL CAMBIO

El *change management* es un enfoque de gestión que se centra principalmente en el seguimiento de los cambios en el interior de una empresa (comunicación, acompañamiento psicológico, etc.). Se adopta cuando surgen importantes modificaciones en una empresa y facilita los períodos de transición en relación con los cambios y acompaña a los empleados para que todos comprendan los pormenores de semejante método.

EXTENSIÓN Y MODELOS CONEXOS

Desde los años ochenta, el concepto de benchmarking no ha tenido una evolución notoria, si no es la importancia que reviste desde entonces el acompañamiento (*change management* por ejemplo) casi sistemático de los empleados en períodos de transición y de cambio así como la contribución esencial de los medios informáticos que facilitan la colecta y la difusión de la información. Sin embargo, se han realizado pequeñas evoluciones, sobre todo en materia de métodos a seguir en la concepción o denominación de los tipos de benchmarking, de los que hemos visto los más significativos.

El método Kaizen o la filosofía de la mejora continua de la calidad

Se impone un método conexo en muchas empresas de producción; se trata de una filosofía basada en la mejora continua de la calidad. El Kaizen, del japonés [*kai*] «cambio» y [zen] «bueno», popularizado en los años cincuenta, tiene como objetivo mejorar continuamente el proceso de producción en una cadena de fabricación.

> «Hazlo mejor, trabaja mejor, mejóralo aunque no esté roto, porque si no lo hacemos, no podemos competir con los que lo hacen» (Anónimo).

TQM o *Total Quality Management*

El *Total Quality Management* o «gestión de la calidad total» es un concepto de gestión de calidad nacido en Japón que implica el conjunto de los medios de una cadena de producción. A todos los empleados y obreros les corresponde el control de la calidad de la producción durante todo el proceso, de forma continua.

El primer objetivo es reducir los errores y gastos y luego comprobar que todo funciona en el conjunto de la cadena. Este método puede relacionarse fácilmente con el benchmarking, puesto que los dos se operan de forma ininterrumpida.

El ciclo de Deming PDCA

El ciclo de Deming «PDCA» es un método que también permite mejorar constantemente la calidad. Comprende cuatro fases:

- *Plan* (planificar, establecer objetivos);
- *Do* (hacer, pasar a la acción, aplicar);
- *Check* (comprobar los resultados comparándolos con las previsiones);

- *Act* (corregir y ajustar).

Estas fases, como lo indica el modelo, se utilizarán continuamente a lo largo del desarrollo de las actividades. El objetivo es reflexionar sobre las posibles mejoras, concretizarlas, comprobar que todo funcione y volver a empezar.

El método DMAIC del Seis Sigma

- *Define*: definir el contenido y los objetivos del método.
- *Measure*: medir el rendimiento.
- *Analyze*: analizar los procedimientos para detectar los problemas.
- *Improve*: realizar las mejoras necesarias.
- *Control*: controlar y ajustar.

El método Seis Sigma es un procedimiento de mejora de la calidad y de los procesos de producción basado en las estadísticas definidas y medidas previamente, que tiene como objetivo una reducción de los defectos de los productos. El DMAIC permite aplicar el método Seis Sigma en una empresa gracias al seguimiento de las diferentes fases, relativamente parecidas al concepto precedente del PDCA.

Estos procedimientos están estrechamente ligados al benchmarking y además se utilizan conjuntamente. El benchmarking es un método de calidad que, recordemos, no se debe realizar una sola vez, sino que debe ayudar continuamente a las empresas a reaccionar para mantenerse al nivel del mercado.

APLICACIÓN DEL CONCEPTO

Vamos a ver las diferentes fases de la implantación del método benchmarking en una empresa. Como la literatura actual no propone un número preciso de etapas, hemos optado por una clasificación en cinco fases principales:

Las cinco fases del benchmarking

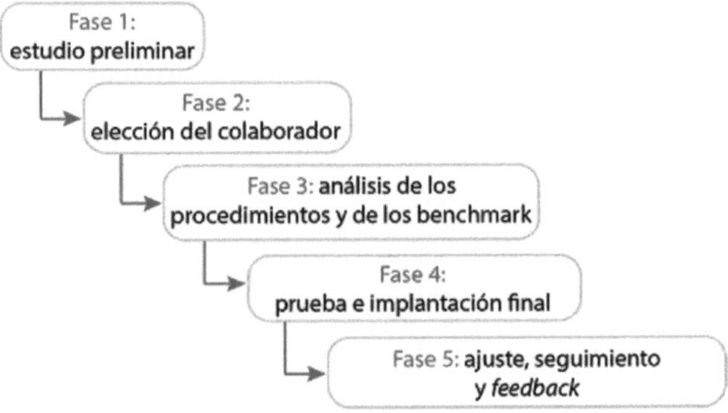

Para facilitar la comprensión del texto, abordaremos el concepto de forma general, su aplicación que vale para los productos, los servicios y todos los tipos de benchmarking.

PRIMERA FASE: ESTUDIO PRELIMINAR Y PLANIFICACIÓN

La primera fase de un proyecto de benchmarking es primordial, puesto que define los procedimientos analizados y concede los medios que hay que movilizar para el proyecto.

Esta fase comprende tres pasos:

- la elección del procedimiento;
- la elección de los medios;
- la planificación y el cálculo del coste final.

La elección del procedimiento

El establecimiento de un benchmarking suele comenzar por una constatación inicial (una amenaza externa o un disfuncionamiento interno) que fuerza a la empresa a reaccionar.

Puede tratarse, por ejemplo, de una competencia más importante que hace perder cuotas de mercado a la empresa. En este caso, la empresa tiene que intentarlo todo para identificar las causas que pueden resultar de una falta de innovación de los servicios de I+D (investigación y desarrollo) o marketing, de una obsolescencia de los productos, de la llegada de un nuevo competidor o del éxito de los productos de substitución.

La constatación inicial puede proceder asimismo de una falta de innovación de la gama de productos y servicios que hay que renovar para que sean de nuevo atractivos para el cliente. En este caso, la demanda suele hacerla el departamento de marketing que, fiel a sus estudios de mercado, prevé una bajada de las ventas en el futuro. La empresa afectada preferirá reaccionar preventivamente y renovar su oferta, su posicionamiento y su diferencia con respecto a los competidores más poderosos.

Asimismo, la necesidad de acción puede verse motivada por

una cuestión de rejuvenecimiento de las técnicas de producción que, desfasadas, no permiten una producción de alta calidad a bajo coste. Esta debilidad es fuente de una desventaja competitiva para la empresa. Según la importancia del procedimiento o de la gama de productos, en términos de contribución al beneficio y del rendimiento global de la empresa, ésta podrá decidir si procede al benchmarking de una o más entidades diferentes utilizando los mismos métodos o incluso si se centra en un servicio particular de la sociedad donde analizar el conjunto de los procedimientos.

La elección de los medios

La elección de los medios – seleccionados para crear una dinámica de «inteligencia colectiva», fuente de uniones y de reparto de las habilidades–, además de los servicios implicados en el benchmarking, suele ser una tarea que incumbe al gestor de proyecto. En la mayor parte de los casos, una fuerza operacional o task force se constituye de:

- **un gestor de proyecto,** que define el problema y sus consecuencias reales y/o potenciales, coordina el conjunto del proyecto, dirige los medios en el trabajo, se ocupa de la planificación y del coste del proyecto, y asegura en enlace directo tanto con el colaborador estudiado como con su propia jerarquía;
- **analistas,** que estudian los procedimientos o productos que hay que «benchmarkar», y según su sector de especialidad, se detienen en puntos más específicos. Un ingeniero comercial participará más en la elección de los nuevos productos mientras que un analista de negocios se ocupará del establecimiento de nuevos procedimientos;

- **el equipo directamente implicado en el proyecto,** es decir, el departamento al que se dirige el benchmarking: sus miembros deben estar a la disposición de los analistas para proporcionarles toda la información sobre los procedimientos actuales y sobre los problemas encontrados. Por otro lado, en esta etapa, sus testimonios y su percepción de las cosas resultan esenciales para facilitar la aplicación posterior de los cambios decididos;
- **diversas personas especializadas,** que pueden intervenir según el caso. Puede tratarse, por ejemplo, de un responsable de la conducta del cambio, que acompañará a los empleados a lo largo del proyecto, o de un responsable de la capitalización de los conocimientos que servirán para otros servicios.

La planificación y el cálculo del coste final

Finalmente, la última etapa preliminar prevé un cálculo de los costes para el proyecto. Se trata del presupuesto que presentan los medios concedidos, es decir, los diferentes intervinientes ocasionales y permanentes, pero también se trata de los costes de colaboración y de cambio en los procedimientos. Naturalmente, la dificultad del cálculo de los costes es proporcional a la complejidad del proyecto en cuestión.

Esta última etapa aspira a planificar cada objetivo a lo largo del proyecto para ofrecer una visión global. Esta planificación se puede presentar en forma gráfica, en particular a través el diagrama de Gantt, del que veremos un ejemplo en nuestro estudio del caso.

SEGUNDA FASE: LA ELECCIÓN DEL COLABORADOR

La elección del colaborador se hace estratégicamente. De esta forma, para elaborar su benchmarking, una empresa se suele dirigir hacia otra que ya ha hecho pruebas y que se ha convertido en líder en su sector o que se le parece en términos de productos, mercados y medios:

- **elección de una colaboración con otra empresa.** Normalmente, se establece un acuerdo y se prevé un periodo de intercambio, que puede variar de varios meses a muchos años, así como las modalidades de funcionamiento y los tipos de medios interesados;
- **elección de un servicio interno o de una filial de la empresa.** En este caso, los intercambios de información son más fáciles y el contrato más informal. También puede tratarse de empleados que cambian de servicios internamente y que difunden así las buenas prácticas. Esto simplifica el procedimiento del benchmarking;
- **elección de un competidor.** En este caso, la empresa se basa tanto en los datos públicos del competidor, como en las estadísticas (por ejemplo: los datos Nielsen) sobre los procedimientos que destacan en congresos o conferencias, o sobre las informaciones recaudadas ante los intermediarios (proveedores, distribuidores, etc.) y los clientes.

TERCERA FASE: ANÁLISIS DE LOS PROCEDIMIENTOS Y DE LOS BENCHMARK

El análisis de los antiguos y de los nuevos procedimientos

En esta tercera fase, los analistas estudian los procedimientos internos que hay que modificar, así como los procedimientos del colaborador que hay que copiar, o incluso mejorar, para capitalizar una ventaja competitiva.

- Los procedimientos internos son importantes de analizar, puesto que hay que definir en qué y de qué forma trabajarán los equipos. Además, es necesario calcular el rendimiento actual para compararlo con el que se desea, una vez que se establezca el benchmarking.
- Los procedimientos del colaborador son igualmente importantes de analizar para comprender las razones de su éxito (las buenas prácticas) y para poder aplicarlas después. No se trata de un simple análisis de rendimiento, sino de una búsqueda en profundidad del funcionamiento de estos procedimientos.

La definición de los benchmark

El benchmark es el índice de rendimiento de referencia en el que se basa el análisis comparativo del benchmarking: definirlo con la mayor exactitud posible (atributo cuantificado, plazo, etc.) permite comparar los distintos índices internos y de los colaboradores para fijar objetivos realistas.

Estos objetivos se basan fundamentalmente en la expectativa del cliente. Podemos obtener principalmente –por estudios de mercado u opiniones de los consumidores– el precio ideal de un producto, es decir, el valor que le reconocen. La empresa fija entonces sus objetivos (estrategias de marketing, posicionamiento y tarificación) en función de este precio y de las indicaciones obtenidas por los competidores.

CUARTA FASE: PERÍODO DE PRUEBA E IMPLANTACIÓN FINAL

La prueba de implantación

Antes de lanzar el benchmarking, es útil prever un período de prueba para comprobar que se pueden llevar a cabo las mejoras, sin por ello entorpecer el funcionamiento de toda la empresa.

La primera forma de realizar las pruebas es organizar una simulación en el nuevo entorno. En este caso, el conjunto del servicio o sólo una parte probará las mejoras establecidas, sin consecuencias en el caso de que haya problemas puesto que la implantación es simulada. La segunda forma es probar directamente mejoras en una parte restringida del departamento en cuestión para limitar las consecuencias en caso de problemas.

Y, finalmente, el establecimiento del benchmarking

La etapa crucial del proyecto, la implantación del benchmarking, puede finalmente producirse en buenas condiciones. Algunos cambios de procedimientos o nuevos productos

establecidos en el mercado pueden transformar la vida de
la empresa por completo. Entonces hay que estar pendiente
de acompañar a los trabajadores en este período de transición (*change management*) respetando algunos puntos:

- fijar a una «persona responsable» que va a administrar el
procedimiento del cambio;
- iniciar el procedimiento de arriba abajo (*Top-Bottom*)
para implicar en principio a los mánagers, asegurarse
de que estos entienden la importancia de los cambios
establecidos y de que pueden por su parte informar a sus
empleados y motivarlos;
- comunicarse a lo largo del proyecto, puesto que los grandes cambios pueden volver la visibilidad a corto y medio
plazo muy confusa, lo que podría inquietar a los empleados. Proceder a una comunicación eficaz, transparente y
regular en la sociedad permite paliar estos problemas.

QUINTA FASE: AJUSTE, SEGUIMIENTO Y *FEEDBACK*

En esta última etapa, todavía se tienen que realizar tres
tareas:

- **el *fine tuning* o los últimos ajustes necesarios para el
buen funcionamiento de los procedimientos.** Puede
tratarse, por ejemplo, de las correcciones de un nuevo
producto o de la contratación de una persona suplementaria en la nueva cadena de producción;
- **el seguimiento de los índices predefinidos.** Es primordial medir las evoluciones sufridas en la sociedad y

compararlas con los benchmark, es decir, con los índices de rendimiento previstos en la tercera fase;

- **el *feedback.*** Garantiza capitalizar los nuevos conocimientos para poder reproducirlos de forma eficiente (más rápidamente y con un coste menor) en el futuro. Con este fin, se desarrolla cada vez más el *knowledge management.*

KNOWLEDGE MANAGEMENT

El *knowledge management* o «gestión del conocimiento» es una herramienta de colecta, de puesta en común, de archivo, de difusión y de actualización de los conocimientos en una sociedad. Los conocimientos así capitalizados –generalmente por una herramienta informática– favorecen la difusión de las buenas prácticas en una empresa o en el caso de colaboración con otras empresas que quieren concebir los polos de competencias para compartir las investigaciones.

ESTUDIO DEL CASO: AUTOMATIC

Problemática

El fabricante de coches AutoMatic tiene clientes esencialmente europeos, pero también tiene cuotas de mercado en Asia y en América del Sur. Aunque esté conforme con las ventas en otros continentes, quiere centrarse en su mercado principal: Europa. AutoMatic produce la mayoría de las partes de sus vehículos en Europa del Este y el resto en Asia, sobre todo, piezas de mecanización estandarizadas válidas para la mayoría de los modelos.

El fabricante ya conoce a su clientela y sus exigencias: familias de la clase media y solteros que quieren un coche sencillo, funcional y, sobre todo, barato. El producto es básico y está disponible con poca personalización, pero, en contrapartida, el cliente no quiere esperar largos meses para conseguir su vehículo una vez que ha hecho su pedido.

En función de las exigencias de la clientela y de la estrategia global de AutoMatic, el responsable del proyecto de benchmarking tiene como objetivo optimizar tres procedimientos:

- procedimiento 1: tiempo de la producción de un vehículo;
- procedimiento 2: tiempo de la entrega (momento entre el final de la fabricación y la entrega eficaz);
- procedimiento 3: coste de la producción del coche.

Después de haber escogido personalmente su equipo de ingenieros que van a trabajar en el proyecto, el gestor del proyecto puede encargarse de la primera gran etapa: la planificación.

La planificación del benchmarking

La planificación permite al gestor del proyecto tener una visión general de las actividades en curso y futuras sobre la implantación del benchmarking. Por ello, el diagrama de Gantt se impone por naturaleza. Se trata de una de las herramientas más utilizadas en la gestión de proyectos.

EL DIAGRAMA DE GANTT

El diagrama de Gantt, inventado en 1917 por el ingeniero americano Henry Gantt (1861-1919), permite articular las diferentes etapas de un proyecto. Presenta tanto una visión global como una vista detallada del avance de éste. Muchos softwares permiten su realización, el más conocido es *Microsoft Project*.

El diagrama de Gantt

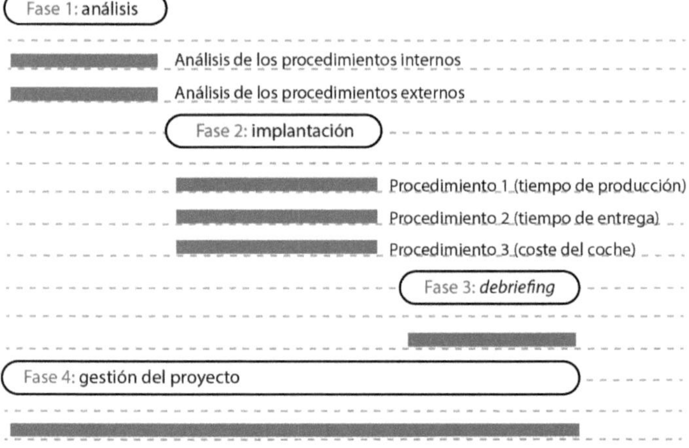

Los bloques rojos representan las distintas actividades que forman parte de las fases. Su posición y longitud son indicaciones de tiempo y de duración. Éstas están únicamente presentes a título de ejemplo.

Elección del colaborar

La elección de los colaboradores de AutoMatic es estratégica y va a permitirle utilizar mejor el método del benchmarking.

- **Para limitar el tiempo de fabricación,** se inspira en la concepción de los aviones comerciales que necesitan una organización rigurosa y un trabajo en cadena realizado en *Just-in-time* («justo a tiempo»). Como ejemplo de las constructoras aeronáuticas que administran un sinnúmero de piezas diferentes y que son excelentes para la fabricación, AutoMatic decide principalmente generalizar la práctica del *Just-in-time*. Además, habrá que llevar cada pieza al sitio correcto y en el buen momento para así evitar los paros en la producción por falta de materias primas.
- **Para limitar el tiempo de entrega,** el gestor del proyecto se inspira esta vez en la entrega de libros realizada por los grandes de la distribución. Éstos utilizan aplicaciones competentes de logística así como centros de entrega estratégicamente situados en su territorio. AutoMatic aplica este método lanzando de forma similar un nuevo centro logístico en el corazón de Europa para prestar servicio a sus clientes lo más rápido posible.
- **Finalmente, para alinear sus precios sobre los de sus principales competidores,** el jefe de producto se inspira en la producción de coches en la India, país conocido principalmente por su habilidad en la concepción de vehículos sencillos y económicos. Una de las mejoras que AutoMatic elige que proviene de la práctica india consiste en limitar los equipamientos de base proporcionados en la compra y en proceder a una depuración del estilo

interior y exterior del vehículo.

Análisis de los procedimientos y de los benchmark

Una vez establecido el plan de trabajo, el gestor del proyecto puede empezar la fase 3: el análisis de los procedimientos. Para ello, realiza dos análisis (uno interno y otro externo a la empresa) de los procedimientos para compararlos juntos. Decide interesarse en tres índices de rendimiento:

- el tiempo de producción de un vehículo (días);
- el tiempo de entrega (días);
- el precio (euros).

Para obtener el benchmark (el índice de rendimiento de referencia), el gestor del proyecto compara las medidas de sus competidores y hace una media aritmética. Éste es el resultado de sus investigaciones:

Tabla del rendimiento esperado

Índice Proceso	Índice de rendimiento		
	Interno	Benchmark	Esperado
P.1: tiempo de producción	30	25	≤ 25
P.2: tiempo de entrega	10	3	≤ 3
P.3: precio de compra del vehículo	10 000	8 000	8 000

La primera columna presenta tres procedimientos que el benchmark tiene que mejorar, mientras que las dos primeras líneas muestran los índices de rendimiento: el índice actual, denominado «Interno»; el índice de mercado basado en la media de los competidores, llamado «Benchmark» y finalmente el índice esperado después del benchmarking, denominado «Esperado».

Al leer la tabla, observamos que el rendimiento de los competidores es superior al de AutoMatic, tanto a nivel de la duración como del precio de la compra del vehículo. Por ejemplo, los competidores llegan a entregar de media un coche en tres días, mientras que AutoMatic tarda diez. Se impone una reorganización de los medios para llegar al nivel de la media de los competidores, de ahí el interés del benchmarking.

Implantación final

Para poner remedio a estas faltas de rendimiento, el gestor del proyecto decide utilizar un benchmarking de tipo funcional, buscando, como hemos visto en la elección de los colaboradores, las mejores prácticas del mercado.

Tomando como ejemplo a una constructora aeronáutica para la fabricación de sus vehículos, a un gigante de la venta a distancia para la entrega y finalmente a un fabricante de automóviles indio para el coste de fabricación, AutoMatic ha conseguido mejorar su rendimiento en todos los procedimientos que tenía como objetivo.

Tabla del rendimiento ficticio

Índice / Proceso	Índice de rendimiento			
	Interno	Benchmark	Esperado	Realizado
P.1: tiempo de producción	30	25	≤ 25	27
P.2: tiempo de entrega	10	3	≤ 3	3
P.3: precio de compra del vehículo	10 000	8 000	8 000	7 000

Debriefing y *feedback*

La última fase del proyecto consiste en analizar los resultados para extraer las conclusiones: la empresa examina el nuevo rendimiento obtenido por la cadena de producción y se procede al *feedback*. Ésta no debe olvidar que es poco probable que una empresa sea la mejor en todos los niveles (índices) aunque pueda intentar acercarse.

Finalmente, el responsable del proyecto no debe descuidar los siguientes puntos, sin los que el método no puede ser un verdadero éxito:

- **el seguimiento del proyecto.** No sirve para nada realizar un método de benchmarking si luego se para. Es un método de mejora continua, todas las empresas que lo emprenden deben constantemente estar pendientes de mejorar sus procedimientos y productos para seguir siendo competitivas;
- **el *change management.*** Todo cambio importante en una empresa implica pequeños cambios en el trabajo de cada día. AutoMatic debe asegurarse que dirige el cambio para que sea algo accesible a todos los empleados intere-

sados, precisando el sentido y el valor añadido para cada uno (del individuo a la empresa);

- **el *knowledge management*.** Para perpetuar los conocimientos adquiridos, es primordial favorecer el archivo de los nuevos métodos. La capitalización de los conocimientos permite ponerlos en común y transmitirlos en el interior de la empresa.

EN RESUMEN

- El benchmarking es una técnica de mejora de los procedimientos basada en el análisis y en la comparación de los procedimientos existentes. Xerox aplicó esta técnica en el mundo de la empresa a finales de los años setenta y hoy en día la utilizan la mayoría de las empresas.
- Hay diferentes tipos de benchmarking, clasificados según el origen de la información y las finalidades perseguidas. El benchmarking interno aporta información sobre el funcionamiento de otros departamentos de la empresa, mientras que el benchmarking externo se basa en los competidores y en las otras empresas líderes en su sector.
- Visto el carácter genérico del método, las aplicaciones del benchmarking son numerosas en la empresa. Pueden así llegar a casi todos los departamentos y servicios en todos los niveles jerárquicos. La motivación, y entonces la implicación de los recursos humanos, son una de las claves del éxito del benchmarking.
- El aumento de la competitividad y de la internacionalización de los mercados obligan a las empresas a buscar continuamente la eficiencia. El benchmarking no debe sólo empujar a las empresas a mejorar, sino también pedirles que reflexionen continuamente.
- Las ventajas son también muchas. El benchmarking permite limitar los costes de investigación y de desarrollo evitando concebirlo todo desde el principio, compensar el retraso con respecto a los competidores imitándolos, mejorar los procedimientos internos usando las innovaciones que han demostrado su eficacia, o proponer

productos y servicios de última generación.

- Este método tiene sus límites. Una empresa que lanza un benchmarking debe velar por la concordancia de las nuevas tecnologías con sus departamentos internos, velar por el bienestar de los empleados asegurándose su comprensión y aceptación de los cambios y finalmente debe evitar caer en el espionaje industrial.
- La elección de los recursos humanos tiene una importancia principal para el triunfo de un proyecto de benchmarking. Por una cuestión de eficacia y credibilidad, no es sólo primordial encargar esta tarea a personas experimentadas y a los talentos complementarios, sino también practicar lo que llamamos «la inteligencia colectiva».
- El modelo *Total Quality Management* puede completar el método con la implicación de cada empleado en la mejora cualitativa de un servicio. Permite obtener al final una calidad cerca de cero defectos.
- Finalmente, el benchmarking se aplica como un proyecto tradicional: las etapas importantes son el estudio preliminar, la elección del colaborador de innovaciones, el análisis de los procedimientos internos y externos, la implantación de métodos nuevos, el seguimiento y ajustes de éstos y finalmente el *feedback*, también llamado *knowledge management*.

¡Tu opinión nos interesa!
¡Deja un comentario en la página web de tu librería en línea,
y comparte tus favoritos en las redes sociales!

PARA IR MÁS ALLÁ

FUENTES BIBLIOGRÁFICAS

- Abbot, Thomas. 1997. "Du benchmarking logistique au choix d'une nouvelle stratégie d'organisation". *Logistique-Management*. Consultado el 16 de enero de 2017. http://www.logistique-management.com/document/pdf/article/5_1_76.pdf
- Bruno, Isabelle. 2013. *Benchmarking. L'état sous pression statistique*. París: La Découverte.
- Chapman, Alan. 2014. "Change Management". *Business Balls*. Consultado el 19 de diciembre de 2014. http://www.businessballs.com/changemanagement.htm
- Collie, Sarah. s.f. *Benchmarking in Higher Education*. Virginia: Universidad de Virginia. Consultado el 16 de enero de 2017. http://www.virginia.edu/processsimplification/resources/Benchmarking%20Nov%20%203.pdf
- Costa, Nathalie. 2008. *Veille et benchmarking*. París: Ellipses Marketing.
- Fernandez, Alain. s. f. "Le TQM et la qualité totale". *Piloter la performance*. Consultado el 16 de mayo de 2017. http://www.piloter.org/qualite/tqm-qualite-totale.htm
- Office québécois de la langue française, "Étalonnage", 2006. Consultado el 16 de mayo de 2017. http://gdt.oqlf.gouv.qc.ca/ficheOqlf.aspx?Id_Fiche=8871077
- Piché, Pierre. 2011. "14 approches d'amélioration continue". *Quotient Lean Management*. 25 de enero. Consultado el 16 de mayo de 2017. http://www.quotient-management.com/14-approches-d%E2%80%99amelio-ration-continue/

- Reh F. John. 2017. "Benchmarking Overview, Practices and Approaches in Businses". *About.com*. Consultado el 16 de mayo de 2017. https://www.thebalance.com/overview-and-examples-of-benchmarking-in-business-2275114
- Soparnot. 2010. *Le management du changement*. París: Albin Michel.
- Vaisman, Olivier. s. f. "Le benchmarking ou étalonnage concurrentiel". *Ovaisman Online*. Consultado el 16 de mayo de 2017. http://ovaisman.online.fr/dossiers/Dossier-Benchmarking- internet.pdf

FUENTES COMPLEMENTARIAS

- Achard Pierre y Hermel Laurent. 2010. *Le benchmarking*. La Plaine Saint-Denis: Afnor Éditions.
- Benchnet, "The Benchmarking Exchange". Consultado el 19 de diciembre de 2014. http://www.benchnet.com/
- Gautron, Jaques. 2003. *Le guide du benchmarking*. París: Éditions Eyrolles.
- Meyer, Florent. 2010. *Pratiques de benchmarking. Créer collectivement du sens à partir du succès d'autres organisations*. París: Lexitis Éditions.

en50MINUTOS.es

Historia

Economía y empresa

Coaching

Book Review

Salud y bienestar

¡APRENDER
NUNCA ANTES FUE
TAN RÁPIDO!

www.en50minutos.es

© **en50Minutos.es, 2017. Todos los derechos reservados.**

www.en50Minutos.es

ISBN ebook: 9782806276520

ISBN papel: 9782806285515

Depósito legal: D/2016/12603/487

Libro realizado por Primento*, el socio digital de los editores*